AF434211

LA SED DE LAS PIEDRAS

JOSÉ MARÍA YSMER PALAZUELOS

LA SED DE LAS PIEDRAS

EXLIBRIC

ANTEQUERA 2021

LA SED DE LAS PIEDRAS
© José María Ysmer Palazuelos
© de la imagen de cubiertas: José María Ysmer Ysmer
Diseño de portada: Dpto. de Diseño Gráfico Exlibric

Iª edición

© ExLibric, 2021.

Editado por: ExLibric
c/ Cueva de Viera, 2, Local 3
Centro Negocios CADI
29200 Antequera (Málaga)
Teléfono: 952 70 60 04
Fax: 952 84 55 03
Correo electrónico: exlibric@exlibric.com
Internet: www.exlibric.com

ISBN: 978-84-18912-51-1
Depósito Legal: MA 1299-2021

Nota de la editorial: ExLibric pertenece a Innovación y Cualificación S. L.

JOSÉ MARÍA YSMER PALAZUELOS

LA SED DE LAS PIEDRAS

Cuando se dedica algo, en este caso un libro, es difícil encontrar a
un solo alguien sobre el que hacer recaer el privilegio, pues son muchos
los que en pequeña o gran medida han contribuido a esta realidad.

La lista comenzaría por mis padres, que desde muy pequeño me
inculcaron esa afición ferviente a la lectura.
También mis hermanas, que allí estuvieron.

A los amigos de estudio, a los de teatro, a los compañeros
de trabajo, a las mujeres que pasaron
por mi vida, dejando posos en los que aún habito;
a los colegas de este «mundo poesía», que leyeron
mis intentos y me alentaron a seguir con ellos.

A mi amigo Jorge, que me dio el necesario impulso.

A la entrañable Guadalupe, que creyó en mí
y a la que mis letras tanto deben.

A todos ellos doy las gracias, este libro va por vosotros.

CAPARAZÓN DE TORTUGA INMÓVIL

Esta agua con esperanzas de mar
se agita en olas falsas,
se encajona entre también
falsos caparazones de tortuga,
vértebras igualmente falsas de dinosaurios inventados
medio hechos,
con lenguas que nunca sobresalieron de la tierra,
divididas en dos,
como caminos que toman rumbos distintos
que los alejan
en un mitigar de voces en el eco.
Me siento sobre una piedra,
simulacro de piedra,
un señuelo que pudo ser de los cimientos de una casa
toda repleta de grietas,
por donde la noche cae con desamparo suicida.
Hay urracas que parecen desconocer los silencios,
gritan, son puntos negros en un cielo
de carne descompuesta y roja,
que va filtrándose
con cuentagotas
por el horizonte;
cada vez veo menos mi propia mano,
la que acaso alguna vez consiga estrechar la tuya,

pero no en este falso mar de olas sin pulso,
en este caparazón falso
de tortuga inmóvil.

SALIR A FLOTE

Cuenta si te resultó fácil o difícil
salir a flote
después de haberte hundido;
lo que sentiste mientras te hundías,
esa parte de ti tan increíble,
tan poco conocida;
un silencio
esponjoso y hermético,
como de agua,
en un frasco de medicina inyectada;
algo aséptico,
mucha calma,
ojos cerrados como los puños
pero sin dolor;
oídos dando vueltas
en esos laberintos sin sentido.

Creo que perdí la orientación de las palabras,
norte, sur,
entremezclados en la brújula,
día, noche,
en ese largo atardecer
de los abrazos consumidos,
cuando lo imposible
es esa saliva fluida de volcán en la boca
que derrite nostalgias.

No fue difícil creer en Dios mientras me ahogaba,
mientras sentía esa opresión en los pulmones,
esa corona de espinas de difuntos
con algunos clavos, eso sí,
como cálculos de arena en el riñón derecho.

Que difícil mear mientras te hundes
y el agua entra en ti, por tu garganta,
y rodea tu sangre con sus nudos
victoriosos.
Qué difícil, pero a la vez tan fácil,
llenarse
de todo lo que nadie quiere,
pero al fin consume
deliberadamente
por razones múltiples.
Ahora,
dejándonos por fin de todo rollo metafísico,
quiero, amor, que me consumas libremente
y salir contigo,
contigo salir a flote.

Como tu aire, juega entre ellos

Quisiera que este azul, cuando alzo la vista,
llegara a ti sin miedo, con igual intensidad;
que fueran pinceladas las mismas que navegan
por tu vientre y el mío en esas tardes del otoño;
que el robo de la luz abierta
por esas nubes de cristal molido
vertiera en ti sus arcas del tesoro sin llaves;
que los pájaros migratorios
arrojaran sus victorias en tu regazo de laureles;
que no temieras a la estrella fugaz en la noche
y, ya sin ver, tu oído, cuanto de ti queda,
crepitara en la hoguera un calor que se siente,
besara en la espuma una humedad que se palpa.
Hay esperanza en lo muy pequeño, llega lejos,
muy lejos, la cosecha de los peines,
frágil filamento que ahora enhebra
curva desacostumbrada de mis dedos.
Quisiera apretar los dientes,
sentir cómo tu aire juega entre ellos.

AIRE, SOLO ESO

Palabras que se deslizan
al igual que los latidos,
sobre la pendiente
descosida de la nieve,
o las ondas de un vals
sobre los hielos.
Sueños que se resquebrajan y rompen
por el peso de los sonidos,
como los gritos de un niño,
como la noche descalza,
ramificada y desnuda,
a punto de sostener la luna
que cae sin ningún complejo,
desequilibrio sincero
si las distancias no acaban
por extinguirse en un punto.
Palabras y más palabras,
caracoles y giros,
fluido y esférico ritmo
que viene acompañando al alba;
si yo me deslizo,
no con la intención de caerme;
si pronuncio tu nombre
con alfabeto distinto,
mi intención está bien clara:
aire, solo eso,
tuyo y mío.

SI RESPIRO CUANDO
NO ME QUEDE AIRE

Si respiro cuando no me quede aire,
¿sabré lo que es en realidad la muerte?
Dibujo de extremidades sin ninguna sombra,
paso de unos pies sin ninguna huella,
cueva sin respuesta para ningún grito,
espiga sin doblarse al hambre,
seriedad de los colchones
cuando les falle el peso,
abismos sin tropiezos
cuando el corazón se pare.

Si respiro cuando no me quede aire,
moriré sin remedio,
si no me respondes.

NADIE

Nadie
me preparó para el misterio,
para lo que no tiene respuesta ni pregunta,
lo que no alcanza a ninguna de las dos,
lo que nunca es recto ni habla rectamente;
la muerte desmentida.

Nadie
desdibujó la sombra con un dedo,
cogió una tiza,
acarició la negra superficie de pizarra,
pintó una raya,
límite donde Dios se desvanece,
donde ya no se atreve a responder dudas
que de la vida hace un profundo lago,
donde no nos cansamos de arrojar piedras.

TODO FLUYE

Todo fluye al igual que las estaciones,
dejando rastros de vergel o de agonía,
de elevada compostura o derrota cíclica
en la carcasa del pecho.

Todo fluye, y aquello que ahora pasa
volverá a hacerlo, de manera distinta,
pues nunca se llora con la misma lágrima,
quizás porque el motivo
de su existir haya cambiado.

Todo fluye
y el río que discurre hoy por delante de tu casa
mañana acaso ya no exista,
o tal vez sí, en otro sitio,
llamando con sorpresa a otras entradas,
humedeciendo otros marcos de ventana,
otros trampolines, cara al sueño.

Deberíamos saltar a lo improbable
sin pensarlo demasiado,
dejarnos arrastrar por la corriente
caprichosa del agua,
por sus dedos,
a donde cumplamos la misión
de ser de nuevo solamente boca
y tragarnos todo cuanto nos permitan los dientes,
y renovar el ciclo de destrucción y vida.

RECUERDO ESA PIEDRA QUE LANCÉ AL LAGO

Recuerdo esa piedra que lancé al lago
dando grandes saltos,
corazón de rana sin pulmones,
sin extremidades, sin ojos;
las ondas que a su paso fue dejando
en la planicie del agua sin aliento;
la breve caricia,
espiritrompa de mariposa que se llena
del polen de las flores,
pico que se detiene un instante
para alimentar el hambre
antes de alzar el vuelo.

Recuerdo la sensación que tuve,
la superficie pulida del canto de esa piedra
en contacto con mi mano,
que desapareció para siempre
bajo ese líquido cristal sin gritos.

La soledad....
La soledad de una pérdida irreparable,
ese tesoro que por un instante fue mío
y ya no lo era;
esa garganta que amordacé con un beso

y luego dejé libre
para humedecer la piel de los peces,
para llenar de luz el fondo que respiran.

Recuerdo que tú llegaste a mí
al poco de lanzar la piedra
y que venías llorando,
y me abrazaste,
y nos despojamos de la ropa,
y nos lanzamos al agua
dando grandes saltos,
corazones de rana igualmente,
pero esta vez
sí con pulmones,
sí con extremidades,
sí con ojos.

LO PRIMERO QUE LE PONGO A MIS PALABRAS CUANDO ESCRIBO SON LAS ALAS

Lo primero que le pongo a mis palabras
cuando escribo
son las alas,
mucho antes incluso que las tildes,
escurridizas y molestas moscas,
cambiantes de los sentidos a su antojo;
antes también que las haches,
cuya voz nadie conoce,
pero imprescindible en la foto su presencia.

Las alas sostienen las palabras en el aire,
son oxígeno,
impiden que se oculten
en los nidos de la garganta,
temerosas a pasar desapercibidas
entre árboles y flores,
como murciélagos que nadie ha visto nunca,
huidas del color,
sin que nadie aprecie
la majestuosidad de su vuelo,
sin que nadie las recoja si tropiezan
ante obstáculos que seguro aparecerán,

ante la duda que seguro cobrará sus multas,
ante ese tiempo perdido en los desmayos,
suspendido en finales frente al abismo,
ante esos cascarones blancos
que son ellas mismas,
fracturadas,
de los que se burlan
algunos de sus mayores
que olvidan
que no se puede volar
sin antes haber caído.

Lo primero que les pongo a mis palabras
cuando escribo
son las alas.
Lo primero que les digo:
«Tened miedo, sí,
nunca dejéis de volar sin embargo».

EL VIENTRE DE LA TIERRA SE NUTRE DE SUS HIJOS

El vientre de la tierra
se nutre de sus hijos,
de sus debilidades y oscuras espinas,
de esa repetición que parece tan corriente
sin serlo, sin tanto rojo y nada escrupulosa.
No hay color que se resista
al golpe de la piedra parturienta,
con todas esas manchas sobre los manteles
que no visten festejos
y toda esa tierra que se alimenta de inseguridades
del asesino que deja huellas en la nieve,
menos virginales de lo que aparentan en principio.
Eso es todo.
Los productos del desecho de una digestión pesada
no se perciben a simple vista;
se entremezclan con el aire,
cubren las espaldas en la huida,
son bocetos de un cuerpo desmembrado
que se creyó Dios repetidas veces.

El vientre de la tierra
cumple su misión de ser cosecha,
el mal en la raíz no se controla el hambre,
la sed lo desborda todo sin contemplaciones.

ÍDOLOS DE BARRO

Cada uno en las esquinas de su noche,
dejando pasar un tiempo,
mientras llega a ese lugar de cobijo y sustento,
mirando en las pantallas un futuro
con demasiados falsos dioses que confundan
la cercanía de los contactos casi líquidos,
perdidos entre dedos sin pieles,
con solo números y letras,
un correo electrónico adictivo y desalmado.

La no presencia de los cuartos de baño
donde desnudarse y acariciar una carne
sin complejos, oraciones y quejas,
nos vuelve planos,
proclives a besar la foto insinuante
de los ídolos que vuelven
al barro del cual proceden.

ALIVIAR LA SED DE LAS PIEDRAS I

Reconocer y aliviar la sed de las piedras
arrojándolas a un río del cual nacen y proceden,
cubriéndolas de algas,
de largos filamentos verdes,
dejando que pequeñas raíces las penetren
disgregándolas,
bebiendo a través de ellas,
que pequeños insectos
se introduzcan en sus huecos
y las habiten,
y líquenes y musgos las tomen
como huesos de aceituna
y sean su segunda piel
que cierra cualquier herida de granito.
Hacer que las piedras viajen
hasta esas playas tropicales
infinitas,
que su sangre sea de algún modo
germen de una estrella remota,
espejo de una galaxia
bajo la huella valiente
de un alivio reconocible
de lágrima sin espinas.

ALIVIAR LA SED DE LAS PIEDRAS II

Aliviar la sed de venganza de las piedras
que cayeron como copos de nieve
desde lo alto de las cornisas,
o de un desfiladero que perdió voces en el fondo
y desea irremediablemente recuperar su grito,
y fracturar huesos y quebrantar ramas,
y desgajar sonrisas con afanes de vuelo.
Aliviar el diente provocativo de la serpiente
que muerde sin esperanzas de encontrar un cuello.

La piedra ama a la lágrima desde la arena última
y tiene sed de venganza por recuperar el beso.

ALIVIAR LA SED DE LAS PIEDRAS III

Aliviar esa sed de cercanía de las piedras
trabajándolas, acercándolas una a la otra
con algún tipo de cemento o argamasa,
levantando muros, separaciones del frío,
vuelta al blanco en su interior de arena:
cálida, compacta, suave,
como la piel de un bebé recién nacido
que busca reconocerse en ojos de una madre
que parece eterna.
Un edificio de paredes mullidas,
brazos elevados por encima del tejado
y humo que son palabras
que descansan entre nubes
y a veces se derraman,
como fina lluvia o látigo,
o promesa de aplacar
la sed de piedras, aunque lloren.

ALIVIAR LA SED DE LAS PIEDRAS IV

Aliviar la sed del regreso
de las piedras a su origen,
dejando caer los muros
de la incompetencia en la selva,
todo ojos donde habitan
las arañas y sus presas,
abertura de amplios claros
ahora en los cuadros revivos,
ventanas sin ataduras, sin mordazas,
escuchar los gritos,
los vasos que, sin cristal,
directo de la nube beben,
ordeño de ubre invertida,
invierno, en cima la montaña,
allí vuelven roca y arena
de la playa su tesoro.

HAY PUENTES

Hay puentes
que no cruzan derrotas,
viajero sin raíces,
sin visión de futuro y sin aliento,
con el doble sentido de circulación dañado,
con los pies siempre fríos,
perchero de gaviotas,
cabeza apoyada en una nube con óxidos,
un corazón de plomo que penetra el agua.

Hay puentes
que sueñan levantarse en el mañana,
rezar al rojo del ocaso,
no echarle el ojo
al barco que navega su destino.

Hay puentes
sin olfato para la guerra,
que no buscan la paz por ser poco corrientes
y no llevan candado prendido en los dedos,
ni grito que disuada al asesino o al suicida.

Hay puentes
que prolongan lentamente su agonía
cuando llega el llanto,
cuando cae la piedra

de un bosque consumido en llamas,
de una primavera sin apogeo,
de un cañón sin aventura alguna,
de la bañera de un ahogado
poeta de su propia muerte.

Hay puentes
que nunca quisieron serlo
de la manera en que lo fueron,
pero sí de otra distinta,
alejados de las artes afiladas
de la espada o de la pluma,
del puño de la discordia,
del tornillo sin la tuerca.

Hay puentes olvidadizos
con cicatrices de ruedas,
con banderas desmembradas en sus tallos
que perdieron su sentido y sus recuerdos,
que cegaron sus arcos
hasta hacerse presas de sí mismos.
Hay puentes…
Quedémonos con eso,
solamente puentes.

TE PAGARÉ CON SAL

Te pagaré con sal
los esfuerzos que hagas
para mantener la dignidad
cuando todo se pierda.

Plantaré un océano con islas en ti,
con su vorágine de vientos,
sus anchas cicatrices y avenidas
que rezuman espuma
en las hélices de los barcos
y su tacto de madera sin raíces,
y su canción de piedra repetida
desde antes de que naciera el mundo.

Te pagaré con sal
sin miedo a perderte,
sin miedo a que tu movimiento
se detenga al volver la vista
y no veas la huella que has dejado.
¿Acaso lo que fuiste no mereció la pena?
Las manos de tu pasado fueron ese jinete
que cabalgó los caminos que nadie quiso,
por eso el bosque se llenó de tus verdes
y dejó oculto lo que habías hecho.

Y ahora crees que no hiciste nada,
que ninguna de tus risas obtuvo su fruto.
Pero te equivocas, mantuviste la dignidad
en todas tus derrotas, nunca suficientes,
los peldaños que ascendiste no fueron en vano,
así quedaste convertida en sal,
envidia repetida de la única ola
que no fuiste.

LA ÚLTIMA PIEDRA QUE CAYÓ DE LA MONTAÑA

La última piedra que cayó de la montaña al río
conserva recuerdos íntegros de su infancia,
de cuando aún era tan solo un grano suelto en la playa
pisada por el hambre de enormes dinosaurios.
El cielo poco después fue quedándose más lejos,
el espacio entre semejantes cada vez más estrecho,
un amor a la fuerza, como dirían algunos,
más rígido y profundo, llenándose de grietas,
de presiones altas y de fuegos inmensos,
de nostalgias, de un mar que en su origen
tuvo unos inmensos labios,
con los que fue besando una a una cada ola,
sus hijas derramadas a las que vio crecer
y llenarse de algodones verdes,
pesadumbres blancas en las cimas,
olvidando los pasados dentro de un vientre húmedo
sin prisas.
Pero ahora vuelven a caer, como niños
que se deslizan por esos toboganes de la historia,
comunicada y constante, de nuevo en el agua,
tan pequeños, tan disgregados de razones de ser,
siendo otra vez piedra,
futura e ilimitada, repleta de raíces.

PUDIERA SER

Pudiera ser que el cielo revelara
cuáles son sus intenciones,
despierto entre las nubes,
que tiene para la tierra
aquí abajo;
que lamentara, o no, inundarlo todo
con un agua atrevida;
que buscara huecos, el abandono, la desidia,
los pozos hundidos
de los que muy pocos beben
y aún menos conocen.

Pudiera ser que algunos protestaran
arrojando piedras,
envenenando fuentes,
lapidando la sed de los que menos tienen,
de los que no tienen lápices para escribir cartas
ni un lugar no prohibido donde enviarlas.

Pudiera ser que ese mar de peces invisibles
acercara a los amantes que viven lejos
y apartara la sal de sus bocas abiertas;
que olvidaran sus miedos los viejos fantasmas,
descubriendo huesos cargados de hambre,
de sábanas calientes y mojadas almohadas;

que dejaran de existir las cuentas pendientes
y nada fuera más que otra nada
con las manos de aire,
la promesa justa,
el azul del cielo.

LA ORILLA IZQUIERDA DEL OCÉANO

La orilla izquierda del océano
recolecta flores para los muertos
de ninguna guerra,
náufragos en el fondo de unas aguas quietas
perdidos en la esperanza de su ser en vida.
Solo la orilla izquierda,
que conoce del trágico pasado,
hace acopios del silencio,
sin ser los dioses, nosotros,
que apacigüen la tormenta desatada
de las velas que no pueden
liberar su paraíso de palomas blancas,
acordeones tristes,
tristes calaveras,
sin aspas en los ojos.
La orilla izquierda es la frontera
donde la verdad que duele se detiene,
poco más que arena bajo los pies que pisan,
mancha de sangre sin borrarse
por más que regresen las olas a su grito.

REFUGIO DE TALISMANES Y PARAGUAS

Anhelo recorrerte,
hundir mis manos en el barro
que creyó en tu forma;
imitar la huella que alguna vez imaginaste;
huir al otro lado de tu piel,
al más allá de la memoria,
a ese punto donde los recuerdos hablan alto y claro
y son razón de nube invertebrada
con oficio de esponjas en la tarde.
Anhelo dar la cara delante de un espejo
en un salón de baile,
sin vergüenza de no reconocerme
y no creerme un dios,
un rico comerciante,
un mendigo de farolas,
un sabio, un ignorante,
con los bolsillos al aire
y las banderas al viento
en el favor de tu boca,
a favor de la línea que curva el deseo
del hambre que libera la sombra.
Anhelos en plural,
como cordones
que devuelven a tus pies los pasos

en tu venida a mí,
bajo la lluvia,
en refugio de talismanes y paraguas.

EL AIRE NUNCA
SE EQUIVOCA

En dos años, tu cuerpo se ha vertido en mí
como espumas de un mar en que aún no navego.
Te he sentido en la sal disuelta en la lengua,
entre costillas que arman mi amor inquebrantable,
en mis naufragios únicos, grandes o pequeños,
en las reservas de agua que pronto se agotan,
en los abanicos del viento que giran hacia el rojo,
hacia el único punto donde aún queda esperanza.
En dos años, tu cuerpo ha sabido trazar en mí
su geografía de isla misteriosa con tesoro escondido
y no sé si mis manos serán suficientes
para excavar en tu arena y arrancarte las piedras
que hacen daño a tu boca, para intentar besarte
y saber que la espera mereció la pena,
que el tiempo quebrantado no fue nunca en balde,
que nunca fue avaricia mi deseo de ti.
El aire ahora, lo sé, nunca se equivoca.

FUEGO QUE CONOCE DE ESA AGUA

Fuego que conoce de esa agua,
alimento en las tardes del estío
asciende hasta volverse nube,
se expande a voluntad propia
al otro lado del abrazo firme
que lo fija a un punto solo,
recompone cenizas,
olvidos y recuerdos,
sabe de sus orígenes,
la humilde chispa acorralada
entre verdes secos y sonrisas,
reventadas como flores a la luz
envuelta en aire.

Todo fuego es germen de un dolor
que ve arrancadas las raíces,
toma el infinito como inmensa casa.

El papel de una carta es llama consumida en los ojos,
otra manera de arder en chimeneas,
en un hogar sin muebles,
sin puertas, sin esperas.

Un viaje de raíz tiene algo verde que nace de los ojos

Un viaje de raíz tiene algo verde
que nace de los ojos
cuando miran mapas;
es arco y acueducto que traslada agua
desde la cima en nube
al vergel sediento.
En alto, siempre en alto,
campanas de cristal de pájaros en árbol
ven pasar sonidos de aviones y suicidas
que ponen en amor notas de cuerda
que les mantiene a un río sin orillas.
La música acelera cuanto más es la pendiente.
La erosión de los dedos que acarician escarchas
cruje con el tiempo.
La necesidad de viajar, que nace de raíz
de una garganta sin límites,
es poco caprichosa, si acaso solo barro.
La palabra como un copo de nieve
se desprende de la hoja
de un labio invertebrado
y hace huellas en la playa
sin nubes, ni palmeras.
Es el mapa que ahora miran mis ojos,
el verde que acaricio en tu ausencia.

CREO ANTE TODO EN ESOS CHARCOS DE VIDA EXIGUA

Creo ante todo en esos charcos de vida exigua
atravesados de ruedas de parte a parte;
en los límites sinceros de las puertas
incapaces de mentir a la corriente
que las cierra de un golpe;
en las bocas abiertas del jarrón
que ve pasar la muerte de puntillas
cada cierto tiempo, maquillada.

Creo en los membretes antiguos de las cartas
que ponían humedad en las palabras
cuando el amor no consumía su silencio;
en las geografías de la noche
cuando una mano apoyada en un pecho
era un navío en un puerto, alejado del peligro.

Creo en el dios de los espejos rotos
que multiplican como peces
sus reflejos en el agua
y en el único lugar
que no se muere nunca,
cuando toda luz se viene abajo
y es la oscuridad la que te habla.

ESPEJOS DE LA MIRADA INFINITA

Cumple la mirada su misión de lente,
enfocando algunas veces un futuro incierto
de cortina descorrida, tras las aguas,
viento de tormenta victoriosa que se refleja en sí,
en los pliegues de las sábanas que recubren cuerpos,
aún calientes, exultantes, abiertos
como números en su función de suma.
Infinito de curvas donde las piedras
hablan extremidades de océano.

La mirada
es un colapso de estrellas en un solo punto,
un decir en los silencios
cuando la palabra escucha sus interiores de pluma;
una oración dibujada en piel de acordeón
donde la música estira montañas de labios,
confusión de notas,
lágrimas en los espejos de la mirada infinita.

LA SED DEL AGUA

De todo cuanto soy me alejo
sin renunciar a ello, sin embargo;
contradigo abecedarios con escasez de letras
necesitados de puntos para evitar los ahogos.
Mi palabra sincera se descuelga de la boca enrejada,
como el hilo de la araña de la cornisa fría de ladrillo
y busca un algodón entre tus labios.
Son maneras distintas de tejer la vida,
pero ambas hermosas en orgullo y deseo;
semejantes a nubes con almacén de sueños
donde todo viento impulsa la necesidad del beso,
así nuestras palabras, deshilachadas o en montones
como lechos de pluma se suceden, se vierten,
cumplen la misión de devolver la sed del agua.

AL BORDE DE LA VIDA

Al borde de la vida con los pies colgando,
sin dura superficie en que apoyarse o sostenga
en intenciones mutuas de gaviota al viento,
de sombra arracimada bajo la piel de un árbol.

Imágenes vibrantes cuando cae la roca
y abre con los dientes toda la sed del agua;
es lógico pensar que el agua esté sedienta
de todo cuanto da y poco cuanto logra.

Los cauces al final son pecho descubierto
que ven como la vida se va llevando sueños,
les va dejando esquirlas de un tiempo detenido
en que todo fue posible y nada incierto.

La duda es el gran salto de un pez fuera del agua
en busca de su origen, del ser cuando la nada
regresa a sus despachos y ordena los papeles.

POR TU OLOR

Por tu olor el hambre olvida a los dioses,
porque ya no espera un plato divino,
porque se hace tierra que vive en los otros,
en los cuatro vientos que abraza el futuro.

Por tu olor las redes se llenan de océano,
las fotografías de su blanco y negro
donde todo es árbol que abre bien los ojos,
y la virginidad de las flores no existe.

Por tu olor el hambre olvida a los dioses,
pero yo no olvido el sabor de tu boca,
el último rincón que merece tu nombre,
la última palabra que refresca tu sombra.
Por tu olor me hago ovillo de tu pensamiento,
salto al vacío donde solo tú importas,
sin olvidos del mundo y toda su hambre,
todo ese aire sin necesidad de Dios.

HABLÉ DE TI CUANDO HABLÉ DEL MUNDO

No hablé de esa verdad de plástico y ceniza
dispuesta a abrir el cuello de hombres, sin descanso;
de aquellas diferencias que falsean imágenes
de barro en los espejos,
producto de la luz exenta de raíces
fáciles de untar con un cuchillo en mano,
que resbalan solas,
pieles de jabón de olor intenso,
limpieza de exteriores sin alfombras,
esquinas olvidadas por los suelos.

No hablé de telas de la araña sin destino,
de múltiples extremos que el viento ata o desata;
no hablé de la derrota del barco que no flota
al poco de zarpar, y el agua empuja
la vida y la muerte de igual forma;
no hablé de Dios por no creer que exista
ni de palomas de papel que invita el ocio;
no hablé de todo eso por no querer hacerlo
y ahora que callo escucho la única respuesta:
hablé de ti cuando hablé del mundo,
con tierra entre las uñas,
sin limpieza,
sin nada que objetar a este silencio.

LA INDECISIÓN DEL FUEGO DE UNA VELA

La indecisión del fuego de una vela,
con sueños de progenie no cumplidos,
mira al cielo y se consume pronto
en rápidos destellos que iluminan
rostros de paz y sacrificio,
vertederos de sombras,
apósitos de luz para la noche
que teme no perderse
cuando llegue el alba.
La vela en los altares,
como el timón de un barco,
dirige la mirada a lo sagrado
de un océano sin aguas
en que ahogarse.
Solo tu sal recordará mi lágrima,
prometo no llorar cuando te marches.

LA VIDA A CUESTAS

No soy de la suerte su aposento
que vive en el incendio de una llama
que ningún dios creyó tras la ceniza
que borra los rastrojos de la noche.
Lo que queda en mí es poca cosa.
La piel se agota de fuente y armonía,
cortinas rasgadas, esquinas sin ojos,
puertas enguantadas donde la huella existe,
donde no soy más la suerte del incendio tuyo
con el viento en cara.
Azares de la vida, todo vale,
todo equivoca el agua,
arrojada llueve sobre mi cuarto amarillo,
pasa y traspasa luz, abierta y llave
de lo posible e imposible,
de la vida a cuestas.

HALLAR SENTIDO A LA PALABRA JUSTA

Piedra inmóvil, raíz en marcha,
descuelga la caricia verde en todas partes,
en líquido elemento que recoge
gotas del deseo a nada comparables,
incesante beso que se extiende,
circular sentido de la vida,
explosión inmensa en noche en calma
escurridiza de dedos,
de peces que consumen por los ojos agua,
dibujando heridas.
Yo soy la sed de todas las gaviotas
por encima del mar,
pico que se enreda
a la quilla de barcos, todo puente,
atravesando orillas con su arena.
Yo soy la corriente de tus días nuevos,
de tu porvenir repleto de coraje,
de la armonía de toda extremidad con huella
que deja tanto barro como puede.
Yo soy el barro de todo tu equipaje,
la razón de tu caminar sin tregua,
la inicial que busca tu apellido
para hallar sentido a la palabra justa.

DE LAS HORAS MUERTAS, PERO SIEMPRE VIVAS

Abandono en las paredes más lujosas
del palacio de Versalles y aledaños,
del diamante y su pasado lujurioso
que obligó a cerrar los ojos al amante
que recibe su dura poesía.
Abandono de la rosa en el jarrón del centro
perdida del rosal, que fue su madre,
vínculo con la tierra y el estiércol,
realidades maltrechas de piedras y pezuñas,
lluvia consumida a dardos,
grandes sorbos a destiempo.
Abandono del cordero de Dios
que bebió del mundo su pecado inmaculado
de la única lágrima que sabe vivir del negro,
en soledad, sin ruido de tambores,
sin vientre que acaricie azules o reflejos.
Abandono en la caída,
en el salto, en la sorpresa,
en el nudo que se abre y deja partir al barco;
abandono del puerto,
del calor reconcentrado de aguas estancadas,
cobijo de labios sin merecer dientes
que no dejan heridas cuando muerden.
Abandono de la espina del rosal que no llora,

pero no así a la inversa;
abandono en la belleza,
dolor pasado que abre en el hoy
la agonía a la luz,
viento que sopla y del revés la mano,
golpe y caricia de cualquier momento
de las horas muertas,
pero siempre vivas.

TODA LA SED DEL POETA

Perros apagados
en las esquinas de la luna
rasgan amapolas
con mordiscos de agua.
Nadie conoce al toro
y a la higuera cautiva,
vientre de la luna nueva
reza con rosarios de agua.
Hay que alimentar al verde
que barniza las gargantas,
caballo que corre y se espanta
con herraduras de agua.
Mano sobre la otra mano
caracolea y se arma,
muerte que ahora es más vida
ancla sus alas de agua.
Sobre la faz de la tierra
hambre para la guitarra,
yo supe tañer las cuerdas
de toda la sed de tus aguas.

EN EL MISTERIO QUE LA PIEDRA ESCONDE

En el misterio que la piedra esconde
longevos latidos viven sin mordaza
destierros del temor entre los cactus.

Las espinas de la noche nacen
de la aguja de la estrella que las sueña
en la costura de un beso y sus planetas.

El metal de la piel de los moluscos
confunde el artificio seco de su espalda
con lágrimas del ojo que no tiene.

Yo miré desde tu infancia mi pasado
y alboroté los uniformes de inocencia,
dibújeles el verde de las dunas del desierto
al borde del océano con el corazón a cuestas.

El hoy es en mis manos
el rápido mordisco de la ortiga,
el dolor que es poca herida sin la sangre,
abreviatura de la lengua entre los muslos,
principio al fin que no será comienzo,
continuación del nudo que izó toda bandera.

Te siento
y siento el polvo unido de todos los mortales
que vuelven a ser tierra donde cultivar si acaso
una huella tras otra,
raíces y manos.

PAPELES ESCRITOS EN CADA ALA CON TU NOMBRE

La promesa presente en cada vientre
no busca futuro entre los dedos, ni se pierde
en los manglares inundados de caricias
satisfechos del hambre de la raíz aérea.

Todo mi yo huele en tus axilas
a flores de posibles primaveras.
No es la necesidad del verde
que tapiza y gotea la roca más dormida
la que despierta el nido de tu ombligo.
Es algo más profundo
que se mueve y se desplaza
como la golondrina del poema,
entre dos mundos.
Sabré darte el placer de la hoja que se agita
como sábana del lecho en que te extiendes
sobre mí, la tierra en su apogeo y huella,
papeles escritos en cada ala con tu nombre.

NADA MÁS EL AGUA QUE CONSUMES

Vigilantes agolpados
en blancos pormenores sin alas
con el golpeteo incesante de las olas.
Nubes escapadas en rizos y melenas sueltas
que no cesan de extender ahogos momentáneos.
Arenas impresas en huella deformada,
beso constante, piel mojada,
pretérito de dioses que se vuelven polvo,
ojos en un guiño, en el rojo
tienen la sed de los esclavos mientras mueren
tendidos en silencio, con la calma del barco
que naufraga y sabe de las algas, de los fondos,
de la cuerda verde que limita espacios y te acerca,
para ser nada más el agua que consumes.

PIEDRAS, PETRÓLEO Y CRUCIFIJO

Lo llevan,
pequeños dedos lentamente lo vencen,
lo arrastran al seguro de piedras, petróleo y crucifijo,
cargando de razones su vacío insólito.
Golpes sucesivos de huesos de otro tiempo
que rellenan las gargantas azules y el metal oscuro,
mugen y se desperezan del sueño del océano,
sacrificio de las luces para ninguna mano.
Animal de costumbres poco sedentarias
que la paz no aguarda junto a la palmera,
confundiendo la sal con el desierto.
No navegaré lejos de tus olas,
ni la cruz ni el petróleo me obligarán a ello.

NIÑOS DE UN PASADO QUE SE VIENE

Tu piel,
líquido elemento
que cubre con sus curvas los espejos
de todo lo que fuiste y ahora eres,
de lo que con mis manos
dibujo y desdibujo,
vacío y luego lleno,
asciendo y hago río,
caudales de tu boca a la serpiente,
océano en el pecho ahora mismo.
Tu piel,
que cubre la extensión de playa a acantilado,
vertiendo desde el fondo bosques y arrecifes
en nueva orografía de sueños convergentes,
donde los peces vuelan por un cielo inventado.
Estrellas con sus puntos cosen redes
que prenden las abejas en colmenas
y deslumbrantes mieles,
dulces en el ser de toda suerte,
flor de primavera que se encuentra
en centros de papel donde se escribe
tu nombre, como un mar extendido,
razón de todo juego,
y así nos vemos hoy, saltando olas,
niños de un pasado que se viene.

TE TUVE

Te tuve,
como aquel dromedario
en mitad del desierto a su joroba
para calmar la sed cuando no tuvo agua.
Te sentí,
como en el silencio de una gruta gris
se siente la palabra escrita
en el ala de un murciélago sin lengua.
Sin la necesidad de la luz hallé
las coordenadas exactas de tu ombligo,
cáliz de ese amanecer donde naciste
inmersa en los caudales de la sangre
que pone horizontes en sus nudos.
Nada fui antes de que tú nacieras,
de que dieras vueltas de molino ciego
alrededor de mí,
devolviendo el agua,
deshaciendo el hielo de cualquier nostalgia,
sin cárceles ni raíces, orgullo del tiempo
que va desmenuzando la espiga de sus horas
y va manoseando días con distintos credos,
por donde cae la noche y se despierta el alba.
Te tuve
en el proyecto de la luna llena
cuando tan solo era el reflejo en un pozo
de una uña en un dedo,

principio al despilfarro
de un único instrumento
que puede con la guerra
de una lluvia de estrellas.
Te tuve
en los quehaceres de la carne sin violencia,
sin bloque de granito atribulado en los dinteles,
sin página de sucesos incendiada en chimeneas,
los tubos del adiós con labios de ceniza.
Te tuve
en los comienzos del invierno,
cuando el negro era humo de nidos sin merienda
y el ojo de la llave era la grieta
cubierta de promesas de verano.
Te tuve
en las derrotas de la vela que no impulsaron viento
y en la victoria ajena de la cera pegada a los altares,
pues Dios supo de uniones sin sentido
y las bendijo,
y tuvo compasión del buen samaritano.
Te tuve y no te tuve a un mismo tiempo,
de lápiz borrador que dice y se desdice,
y en un solo renglón
la vida entera.

UÑAS DE LA MAR QUE EL SOL ALARGA

Uñas de la mar que el sol alarga
arañan las paredes de la roca
que pierde consistencia y bebe
en los naufragios
de aquellas voluntades
que se hicieron polvo,
de tierra entre los dedos
de cualquier serpiente.
Uñas encrespadas,
media luna en celo,
felino acechante
en la tórrida playa,
salta en los seguros
de la noche y rasga
cortinas de cristal
que el agua no puede,
sola sin el sol
que la cabalga, y gane
y vuelva del revés
entre los dedos fieros.

ESPERANZA Y GOLPE, CONSTRUCCIÓN Y ARENA

Silencio,
con la mar acuestas tan lejana,
soñando con el agua
que a veces llega impetuosa,
arrastrando soledad de barros,
muertes y ceniza,
pasando como arado estéril
encima de las risas y marchitas flores.
A puñales de cristal y sal
que nadie gana, en el reflejo inocuo
escamas de pez, dientes de sirena
cuelgan sin ventanas de la boca
en esta noche de la higuera oscura,
con apagadas estrellas dentro de sus frutos,
donde es posible entremezclar el tiempo
y huesos en la verdad de mordiscos de aceituna
que cavan la duda y al fin se encuentran
en un solo mar,
esperanza y golpe,
construcción y arena.

En el lugar final en que no eres

Vendaval de emociones,
caprichos de niño,
inestabilidad de la montaña
cerca de las nubes,
lujuria de las piedras
por saciar su sed
vulnerable al viento,
llenas de huecos
como juguete viejo
amenazado de tormentas
a la derecha de Dios,
en un sitio vacío
donde crece la higuera,
en el silencio roto
donde para el autobús
frente a las olas,
llenos los cristales
de saladas muestras
de cariño y de cangrejos;
pinzas de abrazos,
velas de mañana,
sin olfato,
serán tu despertar
cuando te veas,

armado de cuchillos y de rosas,
en armonía al fin
con el espacio,
en el lugar final en que no eres.

LA MEZCLA INEXPLICABLE QUE NOS UNE

Fósiles de la tierra
con sus dientes miran al cielo
por si acaso;
se despierta la vida nuevamente,
encadenada al blanco de cristales,
laberinto de persianas
que desperezan el grito
que se oculta en los desvanes,
en esa mezcolanza de odios y te quieros,
escondidos al abrigo de grillos y palomas
en la paz de la noche.
Fósiles de un mañana ya pasado,
envueltos en ceniza de palabras portentosas
como castillos de arena
en la boca de un niño,
son tu nombre
y lloran la esperanza de la nube,
el único misterio que les queda,
la línea de horizonte desde el rojo
encadenado al blanco,
vida misma,
cristales y persianas,
la mezcla inexplicable que nos une.

EN ESE PIÉLAGO DE HONDÍSIMO AZUL

En ese piélago de hondísimo azul,
donde estrechar la vida es puro ensueño,
donde ese sol que se exprime
en tardes de invierno
saca razón de sus jugos todos,
repletos de viento, de sal
y argumentos,
de largas cabelleras verdes hincadas al fondo,
donde la paz reposa
su osamenta de siglos.
En ese piélago que no precisa ruegos
para hacer del naufragio un doble sentido,
un ir y venir de ajetreo y silencio
en donde el misterio estriba,
en mirar sin ser visto,
en probar lo que se toca,
en beber lo que aún no es líquido.
En ese piélago de hondísimo azul
la vida es puro ensueño.

IMAGÍNATE

Imagínate la tierra,
anegada por las aguas de todos los mares
como una gran bañera de cuerpos sumergidos;
allí tu casa está, pez de ojos hinchados
que mira la tarde vuelta cenicero,
donde el sol se apaga hasta el último humo.

La impaciencia no es algo
que pueda imaginarse bajo el agua.
Hay un deseo ilógico de desierto en las esponjas,
deseos de ser cuerpos diferentes entre manos
que las estrujen y dejen
solo el aire entre sus huecos.
Persigo el hueco como mi última meta,
un vacío sin muebles en la casa donde habito,
la palabra suspendida sin lugar donde esconderse.

Imagínate, la tarde hecha cenizas
y un océano sin sal donde beberte
hasta la última estrella,
hasta la última piedra con sus sueños de barco.

Imagínate, y luego,
cuando termines de imaginarte bien de otra manera,
bórralo todo
y vuelve a imaginarte como eres.

TE REGALO MI YO, MI DUDA Y MI TROPIEZO

Te regalo el aire que respiro
cargado de sus letras y sus puntos,
de sus interrogantes, silencios y adjetivos,
divagaciones donde todo es repetirse.

Te regalo ascensos, descensos,
caracoles curvados en la nube,
laberintos del llanto sin protestas,
ventana de hojas en la noche
por donde la raíz se cuela a las estrellas.

Te regalo el último pecado del primate,
la última cadena del esclavo,
la única espina de la rosa
que no obtuvo respuesta
cuando pinchó un dedo.

Te regalo la bocanada de humo
que imaginó su fuente envuelta en llamas,
el principio del vuelo de las aves
cuando toda pluma era una incógnita.

Te regalo mi yo, mi duda y mi tropiezo;
no es mucho, sin embargo,
es todo cuanto tengo.

Mosaico de caderas infinitas

Mosaico de caderas infinitas,
discurso de mis manos
enlazadas pieza a pieza,
paisaje de belleza
rural y cosmopolita
que alumbra las estancias
de todos mis espacios.
Curiosidad de la semilla
dentro de su fruta,
impulso de la pluma
para salvar el agua,
vértigo de la luz
que vierte en tu mejilla
toda la claridad
que atesora mi alma.
Moneda que no vacía
nunca los bolsillos,
con el tamaño exacto
de las huellas de tus dedos,
aquellos que hacen isla
en el interior de mi pecho,
aquellos que no se pierden
cuando el mar arrastra.

ÚLTIMOS VUELOS

Como ese negro
desprendido de la noche al llegar el alba,
que ama a la última estrella que brilla en el cielo;
como el serrín que llora en la madera
a la lágrima verde que fue su estandarte;
como el nido de la golondrina aún caliente,
que se queda sin plumas que le hagan cosquillas
y rellenen los huecos.
¿Cómo poder conservar el calor
en las paredes vacías de mi cuarto,
si te marchas?
Como lluvia encogida en el paraguas
que no toca el suelo para besar la tierra;
como calcetín que pierde los argumentos
para encontrar la pareja entre tanto bullicio
y duerme apartado en un rincón del armario;
como tabla de surf
sin ola que le aplauda las destrezas
y alas sin viento y teclas sin piano,
y aulas sin sumas, sin restas, sin productos;
como lápiz sin labios…
Así, frágil, la esperanza
se desprende a veces
de los últimos vuelos
y regresa.

Índice

Sobre el autor

José María Ysmer Palazuelos (Madrid, 1967) se define como un lector ávido donde los haya, escritor a ratos, cada vez más prolífico, y actor *amateur* de teatro desde mediados de los años 80. Licenciado en biología por la Universidad Autónoma de Madrid (1990), actualmente trabaja como técnico auxiliar de bibliotecas en la Hemeroteca Municipal de Madrid.

Asimismo, suele participar en concursos literarios con mayor o menor fortuna. En 2020 se le concede el 2º premio en la XXXVI edición del Certamen Literario «Manuel Vázquez Montalbán», organizado por la Biblioteca Rafael Alberti de San Fernando de Henares. Ese mismo año comienza su andadura en «Mundo poesía», un foro de poesía en internet en el que recibe varios galardones. Es ahí donde empieza a ser consciente de la calidad de su obra y de la posibilidad de publicar un libro, este, *La sed de las piedras,* que ahora, lector, tienes entre tus manos, y cuyo autor espera que no sea el último.